自然が
子どもと
未来を創る！

心と体にやさしい
自然あそび

大澤 力
井上美智子 編著

一藝社

は じ め に

　『14ひきのあさごはん』（童心社）いわむらかずお先生の不朽の名作絵本です。＜もりのあさ　はやおきいちばんは　おじいさん。＞＜おかあさんが　おきて、おばあさんが　おきて、こどもたちも　めを　さます。　おねぼうさんは　だれ？＞……ここで、必ず幼い娘は大笑いし、絵本を指さします。その先には、とっくんがおねぼうさんでちぢこまり……ベッドに地図が……濡れていますよ！

　そんな娘も自然大好き人間として、すくすく育ち、今年で三十路も後半です。本年2月、息子夫婦には、孫が誕生しました。本当に人生って、あっという間の出来事ですね！
今・此処、この時・この場を大切になさってください。それが一番の安全・安心です。

　さあ、子どもたちと一緒に身近な自然あそびをたくさん楽しみましょう！

*新たな試みの素晴らしい本書の作成に当たり、ご尽力いただきました各執筆者の皆様および
　一藝社のスタッフ一同様に心より御礼と感謝を申し上げます。

2020年　8月

大澤　力

目 次

はじめに

理 論 編

実 践 編

子どもの育ちに大切な自然あそびや

自然体験

— 理論編 —
Let's learn how Nature effects childhood!

瞳の見つめる先には、
何があるのかな？
思い描いている世界は、
どんなものなのかな？

全ての子どもには、
ひとり残らず
素晴らしい「未来」が
用意されています！

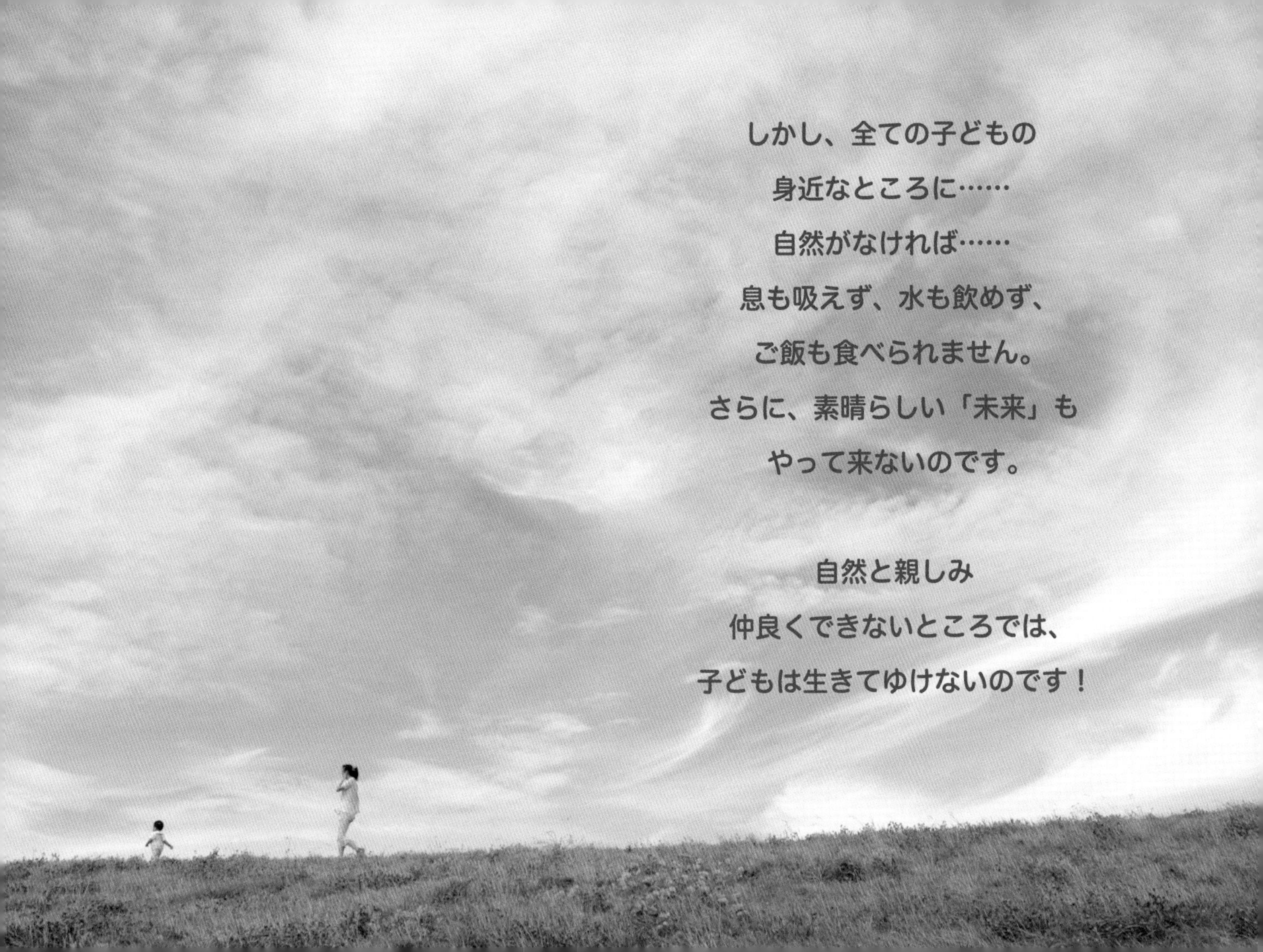

しかし、全ての子どもの
身近なところに……
自然がなければ……
息も吸えず、水も飲めず、
ご飯も食べられません。
さらに、素晴らしい「未来」も
やって来ないのです。

自然と親しみ
仲良くできないところでは、
子どもは生きてゆけないのです！

「未来」は「現在」の……

その先に有ります。

「現在」は、

今生きている大人たちが努力して

「過去」から

創って来たものなのです。

子どもたちと共に

素晴らしい「未来」を創るために、

身近な自然ともっと・もっと・もっと親しみ

仲良くすることを身に付けましょう。

さあ、大人も子どももみんな一緒に

『心と体にやさしい自然あそび』を

たくさん楽しみましょう！

心身ともに健やかな子どもの育ちには、

身近な自然とかかわる

あそびや体験がとても大切です。

このことを山田卓三・山内昭道・大澤力・

レイチェル‐カーソンといった

先人の知恵から学びたいと思います。

子どもの育ちに大切な自然あそびや自然体験

山田卓三（やまだ・たくぞう 1933〜）
植物学者、教育学者、兵庫教育大学・名古屋芸術大学名誉教授。長野県茅野市生まれ。東京学芸大学学芸学部農学科卒業。1971年東京都立大学理学博士。東京都立アイソトープ研究所遺伝研究室長、国際基督教大学専任講師、兵庫教育大学教授、1997年定年退官。主な著書『生物学からみた子育て』裳華房 1993年、『万葉植物事典』北隆館 1995年、『からだ、いのち、かがくを感じるあそび事典』農山漁村文化協会 1998年他多数

山内昭道（やまのうち・しょうどう／あきみち、1928〜2005）
児童教育学者、僧侶、東京家政大学名誉教授。東京生まれ。東京農林専門学校（現・東京農工大学農学部）、駒澤大学仏教学部卒業。農林省農業技術研究所園芸部・同北陸農業試験場農林技官、亀戸幼稚園長、駒沢女子短期大学専任講師・助教授、東京家政大学児童学科教授、同付属幼稚園園長を経て、1998年定年退任。主な著書『幼児の科学と心』教育出版 1978年、『母のための仏教保育十二章』全国青少年教化協議会 1980年、『幼児の自然教育論』明治図書出版 1981年他多数

大澤　力（おおさわ・つとむ、1952 〜）

幼児教育学者。専門は乳幼児期自然教育・環境教育。東京家政大学子ども学部長・教授。千葉県市川市生まれ。玉川大学農学部・文学部大学院卒業。幼児教育現場にて 10 年間担任・主任を経験。2008 年兵庫教育大学大学院連合学校教育学研究科より博士（学校教育学）取得。『心を育てる環境教育〔全 3 巻〕』）フレーベル館 2007 年、『幼児の環境教育論』文化書房博文社 2011 年、『科学性の芽生えから問題解決能力育成へ』文化書房博文社 2017 年他多数

Rachel Louise Carson

（レイチェル・ルイーズ・カーソン、1907 〜 1964）

アメリカ合衆国の海洋生物学者・作家。ペンシルバニア州生まれ。ペンシルバニア女子大学、ジョンズ・ホプキンズ大学卒業。合衆国漁業局（現在の魚類野生生物局）広報担当にて就職。世界に向け 1960 年代に環境問題を告発。1964 年 4 月 14 日ワシントン郊外のシルヴァースプリングにて死去。主な著書『潮風の下で』1947 年、『われらをめぐる海』1951 年、『海辺』1955 年、『沈黙の春』1962 年、『センス・オブ・ワンダー』（没後 1965 年）他多数

山田卓三先生【原体験】

山田卓三による「原体験（proto-experence）」は、自然物と直接ふれあうこと自体を目的としている直接体験です。それは「生物やそのほかの自然物、あるいはそれらによって醸成される自然現象を触覚・嗅覚・味覚の基本感覚を伴う視覚・聴覚の五官（感）で知覚したもので、その後の事物・事象の認識に影響を及ぼす体験」なのです。

図表1　原体験の類型と具体的事例

原体験の類型	具体的事例
火体験	熱さを感じる、焦げるにおいをかぐ、けむたさ 火をおこす、火を保つ、火を消す
石体験	石を投げる、石を積む、きれいな石を探す、 石で書く、石器をつくる、火打石
土体験	裸足で土に触れる、土のぬくもりと冷たさ、 土を掘る、土をこねる、土器つくり
水体験	雨にぬれる、自然水を飲む、水かけあそび、 浮かべる、海で泳ぐ、川を渡る
木体験	木に触れる、木のにおい、木の葉、実を集める 棒を使いこなす、木・竹・実のおもちゃ
草体験	草むらを歩く、抜く、ちぎる、臭いを嗅ぐ 食べる、草であそぶ
動物体験	捕まえる、触る、臭いを嗅ぐ、飼う、見る 声を聞く、食べる
ゼロ体験	暗闇を歩く、日の出を見る、林を歩く、飢え、渇き

出典：山田卓三『ふるさとを感じるあそび事典より』1990年

図表2　自然とふれあう活動の目標・目的

ふれあう行動	目標	目的
感じる（喜び、悲しみ、恐れ、楽しみなど）	情動と情操	よく感じる心
手の器用さ身のこなし工夫	経験的（技能・知識）実用的（よく動く手と体）	自然を愛護する人間形成
疑問問題解決説明	主観的アニミズム的理解科学的理解法則的理解合理的理解（数量・空間・時間概念）	よく働く頭

出典：山内昭道『身近な環境とのかかわりに関する領域「環境」』1990 年

山内昭道先生【自然教育論】

山内昭道は子どもと自然とのふれあいから、①自然から感じとる②自然を生活やあそびの為のものとして扱う③自然について考えるといった3つの流れを考察しています。これらは分離したものではなく、連続したり複合したりしながら深め育んでゆくことが、自然体験活動の重要なこととしています。

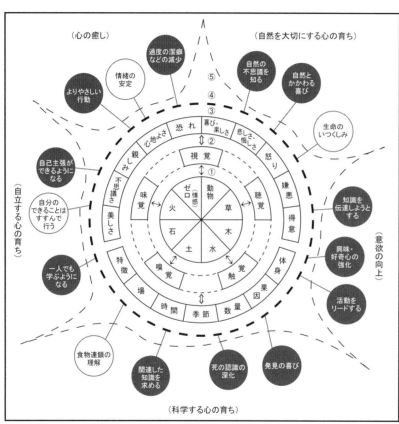

大澤力先生【幼児の環境教育論】

図表3 ビオトープにおける幼児の原験と
教育効果の構造モデル

（心の癒し）

過度の潔癖
などの減少

情緒の
安定

よりやさしい
行動

（自然を大切にする心の育ち）

自然の
不思議を
知る

自然と
かかわる
喜び

生命の
いつくしみ

自己主張が
できるように
なる

自分の
できることは
すすんで
行う

（自立する心の育ち）

一人でも
学ぶように
なる

知識を
伝達しようと
する

興味・
好奇心の
強化

活動を
リードする

（意欲の向上）

食物連鎖の
理解

関連した
知識を
求める

死の認識の
深化

発見の喜び

（科学する心の育ち）

⑤
④
③
②
①

心地よさ
恐れ
喜び・楽しさ
悲しさ・悔しさ
怒り
親しみ
嫌悪
不思議さ
得意
美しさ
特徴
場
時間
季節
数量
果因
体身
覚触
嗅覚
視覚
聴覚
味覚
動物
草
木
水
土
石
火
ゼロ
（情感）

● 記録されたもの
○ 予測される教育効果
① 原体験の対象となる自然物
② 関与する感覚
③ 情緒・認識体験
④ 原体験
⑤ 教育効果

出典：大澤力『幼児の環境教育論より』
2011 年

16

図表3は、3名の年長児と一年間、身近な場所（保育室の前）で自然豊かな空間＜ビオトープ＞を作り出し、日々保育展開した結果（教育効果）をまとめたものです。その特徴は「自然体験の対象を豊かにする」「刺激を受ける感覚器官（感）の幅を広げる」「情緒的・認識的側面を豊かにする」等が、それぞれ教育効果を高めることにつながることを視覚的に示します。

レイチェル・カーソン

【センス オブ ワンダー と まとめ】

　世界の環境問題に警鐘を鳴らしたレイチェル - カーソン（1907 ～ 1964）は、『The sense of Wonder ＝ 神秘さや不思議さに目を見張る感性』を育むことの重要性を『センス・オブ・ワンダー』（新潮社、1996 年）に書き残しています。

そして、良好に育む条件として「自然の存在が身近にあること」「子どもと一緒に感動を分かち合ってくれる大人が側にいること」の二つを挙げています。

さあ、子どもたちと一緒に

身近な自然あそびを

たくさん楽しみましょう！

幼児の環境教育論

井上美智子（いのうえ・みちこ）
井上先生のプロフィールは 31 ページに掲載

自然って何？

🌿 自然という言葉

「自然」という言葉で思い浮かぶのは、山、川、森、林、緑、花、田んぼ、畑などでしょうか。「自然と関わる」というときは、山や海に遊びに行く、花や野菜を育てることなどでしょうか。保育の場なら、泥・水・花・野菜・虫などがあがり、園庭でのそれらと関わる遊びや飼育栽培、遠足やお泊まり保育で豊かな自然地に行くことなどが定番としてあがるでしょう。こうした自然は、「時々、出かけていって非日常的に楽しむ自然」か、園芸植物や飼育動物のように「人間の管理下でだけ存在を許される自然」です。

🌿 本当は私たちも自然

私たちが「自然」という言葉で思い浮かべるものも、大地も、人間も、人間が作る人工物も原子からできています。世界にあるものは、例外なく自然の法則のもとにあるのです。人間は自然と対立するもの、異なるものであるかのようにとらえられますが、他の生物同様、人間も自然のものとして生まれ、育ち、老い、自然に還ります。生きている間は、自分の身体の外から必要なものを取り入れ、不要なものを外に捨てます。呼吸では酸素を取り入れ、二酸化炭素を捨てます。食事は外から栄養分を取り入れること、排泄は不要なものを捨てることです。人間も生物である以上、こうした営みから逃れられません。

自然の力

🌿 自然に癒やされる

アニマルセラピーや園芸療法、森林セラピーなどの言葉を聞いたことがありますか。教育や福祉分野で取り入れられるようになっている自然介在療法の例です。他の動物や植物と関わることが、人間の心理・生理・身体機能にプラスの効果をもたらすことが多くの研究で明らかになっています。人間も他の動物や植物とともに生態系の中で生きている存在であり、生命の40億年の進化の過程を経て、今、ここにいます。自然から何かプラスの効果を得ることも、私たちのDNAの中に組み込まれているようです。

人と自然の関係

🌿 他の生物なしでは生きられない

私たちが日々繰り返す食事。私たちが食べているものは、ほとんどが他の生物の命です。野菜や米は植物、肉は動物、みそやしょうゆには微生物の力が必要です。多くの薬は植物や細菌から薬効を見つけて作られています。下水処理場には細菌や菌類が欠かせません。それでは、農耕牧畜があれば野生の生物はいらないのでしょうか。実を結ぶには昆虫が、家畜が健康に生きるためには草や微生物が必要です。他の生物がいなくなった世界。それは、私たち人間も生きられない世界を意味します。

人間も生態系の一部

生態系って何ですか？

　いろいろな動物、植物、細菌などの生物とそれらが暮らす環境のすべてを含んだものが「生態系」と呼ばれています。生態系の中ではすべての要素が大なり小なり、直接的・間接的に関わりあっているので、どこかが変われば他にも影響が及びます。環境変化に応じて生物が絶滅したり新たな種が誕生したりと、生態系は生命の歴史の中で変化し続けてきたのです。こうした多様な要素からなる「系（システム）」は、その要素が多様なほど強靭だと考えられています。生態系保護が重要だとされる理由です。

人間も生態系の一部

　いくら人工的な都市で生活していても、人間は生物であることをやめられません。呼吸や食事、排泄をやめることは死を意味します。呼吸も食事も排泄も、問題なくできるためには他の生物の存在が欠かせません。酸素は植物が供給し、食事は植物や動物の命をいただくことであり、排泄したものは微生物が分解してくれます。つまり、生態系が崩壊し他の生物がいなくなった世界に人間だけが生き続けることはできないのです。しかし、今、地球全体の生態系は人間の活動によってどんどん壊れていっています。

自然は今

地球全体で自然が変わってきている

「記録破りの」という言葉が天気や災害のニュースでよく使われるようになりました。しかも、毎年、記録が破られています。1970年代、半世紀も前に、このままでは人間の活動によって地球の大気が温暖化し、気候システムが変化し、今までとは異なる気候になり、災害が増えると予測されていました。いよいよそれが現実化してきたのです。そういう予測がなされても、人間は「このまま」を選び続けてきました。現在の自然科学はもっと精密に未来の姿を予測しています。それでも、人間は「このまま」の生活を続けているのです。本当にそれでよいのでしょうか。

人間の活動と地球環境の変化

年	世界人口（億人）	化石燃料使用量（億トン）			二酸化炭素濃度（p.p.m.)	平均気温（℃）（20世紀の平均値との比較）
		石油	石炭	天然ガス		
1955	27.6	7.5	12.3	2.9	-	-0.16
1965	33.3	14.1	15.3	6.6	320	-0.17
1975	40.6	26.2	17.1	12.0	331	0.00
1985	48.5	26.5	21.0	16.4	345	-0.05
1995	57.1	30.3	22.1	21.2	360	0.65
2005	65.1	38.8	29.0	26.6	379	0.96
2015	76.6	46.9	37.3	35.4	403	1.26

（国連、International Energy Agency、温室効果ガス世界資料センターの資料等から作成）
親世代の生まれた頃と自分の生まれた頃を比べてみましょう。

絶滅に瀕している種数からみる生物多様性の減少

年	絶滅に瀕している種の数							
	哺乳類	鳥類	は虫類	両生類	魚類	昆虫	甲殻類	植物
2004	1101	1213	304	1770	800	559	429	8321
2010	1131	1240	594	1898	1851	733	596	8724
2015	1197	1375	944	1994	2271	1046	728	11233
2020	1246	1486	1408	2202	2721	1759	733	16460
増加数[1]	145	273	1104	432	1921	1200	304	8139

※1）2004年からの16年間に増加した絶滅危惧種の数
(IUCN Red List 2020から作成；2005のデータがないため2004年データを記載)

失われる生物多様性

　地球に暮らす生物は 40 億年前に誕生したとされています。次第に複雑な生物へと進化し、数億年前に大型化し、陸上が生物の住める場所になり、現在のような多様な生物からなる生態系が誕生しました。多様な生物が互いに関わりあって存在していることを「生物多様性」といいます。しかし、この半世紀の間に世界の主な野生動物の生息数は 6 割近く減少したとされています。絵本やアニメに出てくるトラやクマ、ライオン、ゾウも、今や、絶滅が心配されています。このままでは、未来の子どもが絵本やぬいぐるみでみる動物は絶滅したものばかりということになりそうです。

人間の活動が環境を変化させている

　記録破りの気象災害を起こす気候変動も、どんどんと失われていく生物多様性も、人間の活動が原因とされています。たったの 100 年ほどで人口は 5 倍になり、人間は地球全体の気候システムを変化させ、他の生物の生息地を破壊し尽くし、乱獲し、野生生物を激減させるほどの活動をしています。今は、まだ、そうした変化は私たちの生活に大きな影響をもたらしていません。

　しかし、今のような活動を継続すれば、気候システムはさらに変動し、生物多様性は失われ、いずれは現在の生態系が崩壊すると予測されています。このまま何もしなければ、未来は明るくないのです。

環境教育が必要な理由

🍃 環境教育って何？

　環境教育は、20世紀の後半にあちらこちらで起こった環境問題を解決することをめざして誕生した教育課題です。人間社会が持続するためにはどのような環境が必要かを知り、そうした環境を保全するために考え、行動できる人を育てる教育です。既に半世紀の歴史があるのですが、その間、環境の質は全体としてみれば悪化しています。まるで、環境教育よりももっと重要なことがあると多くの人が思っているかのようです。しかし、持続可能な社会を創ることより大切なことがあるのでしょうか。

🍃 持続可能な社会とは？

　私たちは今、有限な資源を浪費し、生態系を劣化させる「持続不可能な社会」を営んでいて、いつか、そうした生活には限界が来ると考えられています。「持続可能な社会」とは安全で豊かで、平等な生活を私たちだけでなく将来の世代もできるような社会を意味しています。それがどのようにしたらできるのかはわかりません。まず、現代社会が持続不可能であることに気づき、どうしたらよいのかを考える必要があります。その際、人間社会は健全な生態系に支えられて成り立っていることを前提としなければなりません。

環境教育年表	
18世紀半ば〜	産業革命　エネルギー源としての木材利用による森林破壊　環境破壊の拡大の始まり
19世紀はじめ	第1次エネルギー革命　化石燃料（石炭）の利用　大気汚染　二酸化炭素排出増加の始まり
20世紀はじめ	第2次エネルギー革命　化石燃料（石油）の利用
1960年代	世界中で環境問題が顕在化
1970年代	地域ごとの環境問題から地球環境問題へ拡大　オゾン層の破壊・森林減少・地球温暖化など
1972年	国連人間環境会議（ストックホルム）「環境教育」の認知
1987年	国連環境と開発に関する世界委員会『我ら共有の未来』「持続可能な開発（SD）」概念の認知
1989年	『学習指導要領』（小学校〜高等学校）に環境教育が導入される
1991年	『環境教育指導資料』（中学校・高等学校編）発行
1992年	環境と開発に関する国際連合会議（リオデジャネイロ）「気候変動枠組条約」と「生物多様性条約」の提起
	『環境教育指導資料』（小学校編）発行
2000年	国連『ミレニアム開発目標（MDGs）』採択　（〜2015年）
2002年	持続可能な開発に関する世界首脳会議（ヨハネスブルグ）「持続可能な開発のための教育（ESD）」の認知
2003年	『環境の保全のための意欲の増進及び環境教育の推進に関する法律』公布
2005年	国連『持続可能な開発のための教育のための10年（DESD）』の開始　（〜2014年）
2011年	『環境教育等による環境保全の取組の促進に関する法律』改正公布
2014年	『環境教育指導資料』（幼稚園・小学校編）改訂　幼稚園が初めて対象に加わる
2015年	国連『持続可能な開発目標（SDGs）』採択　（〜2030年）

子どもと自然

子どもの育ちも自然

　何もできないようにみえる状態で人間は生まれ、育っていきます。もともと持つ性質に加えて、育つ過程での経験が、その後の人生の進み方を決めていくとして、幼児期の教育が大切だとされています。そうした発達の道筋は生物の１種である人間が自然の中で生きるものとして進化の過程で得てきたものです。世界を知る窓口としてある五感、得た情報を分析する脳、感情、歩いたりものをつかんだりする手足。これらは私たちに近い他の生物も持っています。とすると、私たちがみる子どもの育ちも自然そのものといえるでしょう。

子どもと自然との関わりは減っている

　19世紀に始まる保育の歴史において、子どもの育ちに自然との関わりが必要だと言われ続けてきました。しかし、都会では身近な自然が減少し、田舎でさえ子どもは室内遊びばかりをするようになりました。社会全体で子どもと自然の関わりの価値が忘れ去られているのです。そこで、前世紀末から学校や園で意図的に自然体験や生活体験を取り入れる必要があると要領や指針に書かれるようになりました。しかし、残念ながら、園庭のない保育所の割合は増え、保育現場における動物の飼育率は減り、園庭は相変わらず運動場中心です。

保育にできること

🍃 飼育栽培と戸外遊びが自然との関わり？

　保育で自然との関わりというと、飼育栽培や戸外遊びがよく例としてあげられます。あるいは、枝や木の実、落葉などの自然物を使った表現遊びでしょうか。飼育栽培は人間の管理下にある単純化された自然との関わりです。戸外遊びも運動場で走り回れば自然との関わりになるのでしょうか。保育で長い間行われてきたこうした伝統的な自然遊びで、はたして、自分の自然性や他の生物との共通性、同じ空間に共存している感覚、多様性の美しさなど、人間の暮らしに他の生物が必要であることを学べるのでしょうか。

🌿 幼児期から環境教育ができるの？

　環境教育を「環境問題とその解決策について学ぶ教育」とみて、幼児には早いととらえたり、環境の悪い側面を知らせ不安にさせてどうすると考えたりする人がいます。しかし、人間も生物であり、健全な生態系がなければ生存できないことを実感として知るためには幼児期が重要なのです。自分の自然性や他の生物との共通性、同じ空間に共存している感覚、多様性の美しさなどを身体で経験しておかないと、後から環境問題について学んでも他人事になり、結果としてそうした「無関心」が持続可能な社会の形成を阻害します。

🍃 幼児期の終わりまでに育ってほしい姿

　2017年に「幼児期の終わりまでに育ってほしい10の姿」が示され、そのうちの一つに「自然との関わり・生命尊重」があげられました。自然との関わりも生命尊重も今までの保育が大切にしてきたことです。しかし、例えば、どんぐりを使って製作をしたり、遊んだりすることがあります。木の実であるどんぐりは、次世代へと命をつなぐものであり、ゾウムシなどのゆりかごです。どんぐりを製作に使うときに保育者ははたして「生命尊重」を考えているでしょうか。あるいは、虫の生命を尊重することとは、その虫を殺さないことではなく、その虫とその生息環境を守ることだと考えているでしょうか。

🍃 自然との関わりをとらえ直す

　子どもの育ちだけを考えるのなら、今までの保育が取り組んできた自然との関わりでもよいのかもしれません。今までも保育者は子どもの育ちのことを考えて、園庭を整え、花を植え、動物を飼育してきました。しかし、今の子どもが生きる30年後、50年後に住みやすい世界になっているかどうかを保育者は考えているでしょうか。未来の社会の創り手は今の子どもです。自然と人間の関係を新たな目でみて、保育における自然との関わりをとらえ直し、未来を創る人に育てる必要があるのです。

何から始めたらいいですか？

まず、園庭に生態系の存在する自然地を創る必要があります。ビオトープがそのよい例です。プランターに土を入れて放置するだけでも雑草が生えて虫が来て小さなビオトープができます。落葉や雑草も大切な自然要素なので、ゴミにせず、そのまま観察できるようにしたり、畑に戻したり、コンポストにします。人間の暮らしが自然の恩恵の下にあることを知るためには年間を通して食育と絡めながら農業の疑似体験をすることがよいでしょう。この本には、自然と子どもを結ぶために保育者は何ができるのかを考えるときに役立つヒントがたくさんつまっています。

井上美智子
（いのうえ・みちこ）

大阪大谷大学教育学部教授。神戸市生まれ。大学で地球科学を、大学院では動物社会学を学ぶ。研究テーマは、幼児期の環境教育、幼児と自然、人間と自然の関係など。著書『むすんでみよう　子どもと自然』北大路書房、2010年、『幼児期からの環境教育』昭和堂、2012年 、『持続可能な社会をめざす0歳からの保育』北大路書房、2020年

自然あそび を 楽しむ 心得

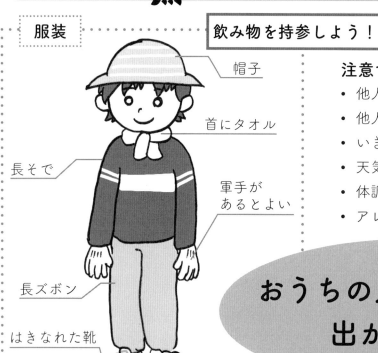

服装

- 帽子
- 首にタオル
- 長そで
- 軍手があるとよい
- 長ズボン
- はきなれた靴

飲み物を持参しよう！

注意すること

- 他人の家の敷地に入らない
- 他人の家の草花を勝手にとらない
- いきものをさわるときは十分注意する
- 天気の悪いときは出かけない
- 体調が悪いときも出かけない
- アレルギーがある人は特に注意

おうちの人に言ってから
出かけよう！

さあ、外に出て
自然とあそんでみよう！
— 実践編 —
Let's go out and play in Nature!

佐藤英文先生の
草花であそぼう！

佐藤英文
（さとう・ひでぶみ）
玉川大学農学部・鳥
取大学大学院農学研
究科卒業、農学博士。
現在、東京家政大学
健康科学部非常勤講師。環境省絶滅の
おそれのある野生生物の選定・評価検
討委員、同希少野生動植物種保存推進
員、NACS- J 自然観察指導員。著書
『保育者のための生活』大学図書出版
2015 年（共著）他多数

あそびの中に自然を取り入れることは、子どもの成長に非常に重要です。ここで紹介する草花あそびは、昔から伝承されてきたものばかりです。草花あそびを通じて得た豊かな感性が基になり、やがて自然科学や芸術の世界に視野が広がることでしょう。さらに、あそびを通して自然を大切にする心がはぐくまれることを期待しています。

INDEX

タンポポ で あそぼう

咲いている タンポポで あそぼう

花の風車

クルクル風車

くるくる回る花の
風車タンポポの茎
の風車

茎の風車

花茎を なめてみよう

茎の汁は
天然のボンド？

タンポポ笛

どんな音が
するかな？

タンポポについて

キク科の多年草。4月〜10月の日当たりの
よい道端や公園でよくみかける。

種子のミルクと
コーヒーうらない

花が終わって からの お楽しみ

あそびの定番
綿毛とばし

タンポポでのあそびかた

くるくる風車

❀ タンポポの茎の風車
タンポポの花の茎は、縦に裂くことができます。いくつかの裂け目を入れて少し置くと、不思議なことに外側に開いて来ます。
ここに松葉を通せば風車になります。

❀ タンポポの花の風車
タンポポ 花茎を1本とって、茎を1センチほどの長さに切ります。そこに松葉（木の枝）を入れて、茎の残りをストローにして吹くと風車になります。

風車のつくり方

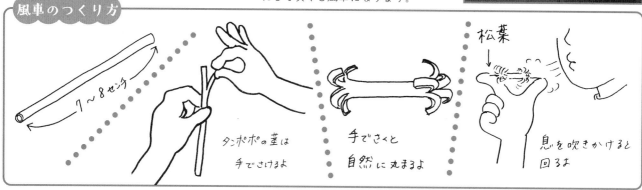

7～8センチ

タンポポの茎は手でさけるよ

手でさくと自然に丸まるよ

松葉

息を吹きかけると回るよ

タンポポの種子うらない

❀ 花の終わったタンポポでコーヒー占い

花が終わって数日後、ガクを割ってみると種子が熟していないものは白（ミルク色）、熟したものは黒（コーヒー色）になっています。割ってみる前に「ミルクかコーヒーか」をみんなで当てっこしてみましょう。

タネが白いタンポポ　　タネが黒いタンポポ

花茎のひみつ

❀ 茎の汁は天然のボンド

タンポポの花の茎を折ると、白い汁が出て来ます。なめると苦く、指で触るとベタベタします。汁の中にゴムの成分が入っているそうです。

綿毛とばし

❀ 綿毛とばし

綿毛飛ばしは、定番の遊びです。このほかに、ノゲシ・ハルジョオンなどいろいろあります。これができるのはキク科植物の特徴です。

タンポポ笛

❀ タンポポ笛

タンポポの花茎を5センチくらいに切って、片方をかるくつぶし、ふかく口に加えて吹くと「ブ～ッ」と鳴ります。くわえる長さを変えると音程がかわるよ。

であそぼう

うでわ

いろんな大きさでつくってみよう。つなげる花の本数で長さや太さが変わるよ。

ゆびわ

一輪で
簡単に
つくれるよ

① 茎を長めにつむ

② 指の太さに合わせて輪をつくる

③ 輪に茎を巻きつけていく

シロツメクサが足りないときは、ほかの花を入れるとアクセントになってかわいい。

シロツメクサについて

別名クローバー。マメ科の多年草。4月〜12月に花が咲く。道端、あぜ道、草原などでみかける。葉っぱは3つの子葉にわかれていて、まれに4枚のものもある。

シロツメクサのかんむり・うでわの つくりかた

シロツメクサはできるだけ茎の根元からとったものだと、長さがあってつくりやすい。長くして首かざりにしてもすてきです。

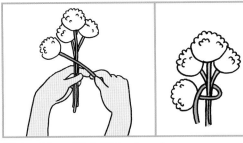  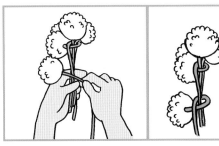

①たばねて花を連ねていく

数本（3～5）のシロツメクサの花をたばねる。その上から1本のシロツメクサを重ねて、重ねたシロツメクサの茎をたばねたシロツメクサのうしろからくるりと回し、残りの茎を上からすきまにさしこむ。

②もとの花の根元まで引き上げる

まきつけた茎を少ししめつけながら、花の根元まで引き上げる。

③新しい花をくわえていく

①と同じやり方でまきつけて、残りの茎を上のすきまからさしこみ、少ししめつけながら、前の花の根元まで引き上げる。これを繰り返し、好みの長さまで続ける。

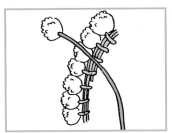  

④端をつなげて輪にする

長い茎のついた花を1本とって、適当なところからぐるぐるまきにしていく、茎の端はまいた茎のすきまにさしこむ。

草花や葉っぱであそぼう①

ヤツデの葉のウサギ

葉を生かして耳の長い
ウサギをつくってみよう

ヤツデ

ウコギ科／葉が大きく、手のひらを広げたような形。

印をつけたところを切る

目の部分もくりぬく

いろいろな表情のウサギ

葉っぱはかたいのではさみをつかおう

葉っぱのゾウリ

本当にはいて歩くことは
できないよ

ゾウリがつくれる葉っぱ

・アオキ
・ツバキ
・アジサイ
・ムクノキ　など

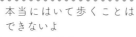

ゾウリのつくり方

図のように葉っぱをはさみで切る。
切ったところをうら返して鼻緒に
して葉に穴をあけて通す。

木の葉や実におえかき

サインペンで
らくがきしよう

佐藤先生？

ヤツデのウサギの顔

ナツミカンににがおえ

カクレミノの葉におえかき

つるさんは
まるまるむし

へのへのもへじ

カクレミノ
ウコギ科
虫がつきにくい
ので庭木として
人気。葉の形や
変化を楽しめる。

葛（クズ）の葉のおさいふ

おこづかいを
しまえるよ

葛（くず）
マメ科／秋の七草のひとつ。
葉は生薬（しょうやく）、根はくず粉として
用いられる。

葛（くず）の葉

おさいふのつくり方

①葛（くず）の葉を中表に半
分に折る

②両はしをさら
に折る

③ひらいて広げた
ら折り曲げる

④できあがり

草花や葉っぱであそぼう②

カタバミの葉で10円玉みがき

花や実の 絵の具あそび

指につけて紙にかいてみよう

オシロイバナ
オシロイバナ科
夕方から夜にかけて
咲く夏の花。黒い種
子を割ると粉状のも
のが出てくるところ
から名がついた。

クチナシ
アカネ科
花は白く香りが甘く
強い。果実は黄色の
染料、生薬や漢方薬
の原料とされる。

ツユクサ
ツユクサ科
あざやかな青色の花
が咲く。土手や道ば
たなど、あらゆる場
所に群生している。

ヨウシュヤマゴボウ
ヤマゴボウ科
ヨウシュは洋種のこ
と。毒性があるの
で食べないように注
意。実をつぶして遊
ぶのは大丈夫。

カタバミ
カタバミ科。道ばた
や畑に自生。葉っぱ
はハート形。

カタバミの葉っぱで
古い10円玉をこす
るとシュウ酸の力で
ピカピカになるよ。

落ち葉を集めて

落ち葉や枝のほかに
みかんの皮などがあ
ると表情にバリエー
ションがでるよ

葉っぱの福笑い

並べて顔をかいてみよう

前髪あり

オニ？のよう？

ピエロ

ネコの顔

ウサギ人形

面長

昆虫や人形をつくってみよう

クワガタ
折った葉に枝をつける

柿の葉の人形
縦に折った葉をずらして重ねて別の
葉っぱで顔をつける

草花や葉っぱであそぼう③　イチョウの葉のバラ

葉っぱをあつめて黄色いバラをつくろう

イチョウ

イチョウ科
公園や街路樹、神社などで植えられている。種子はギンナン。イチョウの葉の形は東京都のシンボルマーク。

つくりかた① 小さいイチョウの葉っぱを集める。

② 外にひらくように葉を重ねていく。

③ 外側は、大きな葉っぱで包む。

④ バラの形になったら大きな緑の葉をそえて完成。

⑤ 上からみたところ。

44

ネコジャラシのウサギ

つくりかた① 2本のネコジャラシを穂の根元で丸めて結び目をつくる。

② そのままひっぱるとウサギになる。

ネコジャラシ
イネ科
道端や公園に自生。穂をゆらすとネコがじゃれることから名がついた。

タラヨウ
モチノキ科
春には黄緑色の花が咲き、秋は赤い実もなる。

松の葉のあそびかた

クロマツ
マツ科
樹の皮が黒いマツ。自生もするが植樹も多い。

クロマツの弓矢

松の葉のすもう
2本が繋がっている松の葉のまたを交差させて同時にひっぱり合う。先に葉のまたが切れた方が負け。

クロマツの弓矢のつくりかた

葉を片方の葉につきさす。別の松葉を矢にする。

タラヨウの葉のらくがき

葉の裏に枝やつまようじで字や絵を書き、しばらくたつと黒くはっきりするよ。

はがきのルーツといわれているよ。葉の大きさが6cm × 12cm以上なら、規定の切手を貼って住所を書けば、定形外郵便物として送ることができる。

大西明実先生の
五感を使ってあそぼう！

大西明実
（おおにし・あけみ）
大妻女子大学家政学部児童学科実習指導室助教。21年の保育現場を持つ。社会人で大学院へ入学し現職。子どもの見ていることを感じ、子どもと共にある在り方を考えながら、身近な自然のおもしろさを伝える取り組みを続ける。3人の子の母。

外に出て近所を散歩してみましょう。立ち止まり草花や木々に触れ、においを嗅いでみる。少し見方を変えて歩いてみると、今までに感じていなかったことに出会えるでしょう。今回はちょっとした工夫で、身近な自然と繋がるおもしろさを感じるあそびを紹介します。

INDEX

土手であそぼう

土手は自然あそびの宝庫
さまざまな草花や生き物を
見つけることができるよ
冬には土手すべり
夢中であそんでいると、
体はぽかぽか、
寒さも吹き飛ぶよ！

なんで土手があるの？

河川敷の土手部分は風水害を防ぐために川岸に土を積み上げて築いた堤のこと。台風で水量が増えるときなど、住宅に水が流れてくるのを防ぐ役割がある。特にゼロメートル地帯と呼ばれる地域は、水害を受けやすい。土手があることで安心して暮らせます。暮らしを守る、大事な役割を担っています。土手や河川敷に行く時は、地域の災害情報や天気予報をチェックして、必ず大人と出かけよう。

段ボールで土手すべりをたのしもう！

自分のおしりの大きさにあわせて段ボールをきるだけでもOK。小さい子には持ち手があると滑りやすい。

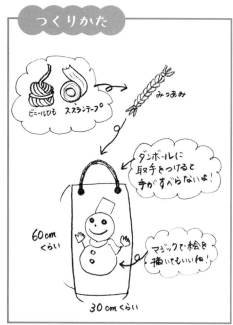

つくりかた

ビニールひも　ストランテープ　みつあみ

ダンボールに取手をつけると手がすべらないよ！

60cmくらい

マジックで絵を描いてもいいね！

30cmくらい

ころがりっこ

土手すべり

【注意すること】

- 犬のフンやガラスなど危険なものが落ちていないか、よく確認してからあそぼう
- 段ボールを大きくすると、ふたりで乗ることもできる
- 市販のそりを使ってもたのしい

河川敷でカニをつかまえよう！

かせんじき

土手のある河川敷には、ベンケイガニやアカテガニが住んでいるよ。石と石の隙間や砂地に穴を掘って暮らしているよ。

準備するもの

木の枝、葦（アシ、ヨシ）など。
ない場合はわりばし
タコ糸
エサ（スルメや煮干し）
バケツや飼育ケースなど

スルメの足

にぼし

つかまえてみよう

石の下にいるベンケイガニ

カニのつかみ方

親指と人さし指でこうらを左右にはさむようにする

つかまえかた

ピク　ピク

カニの下に枝が入るようにかき出す。

【穴の中に入っている時】　エサをつけたタコ糸を穴の中に入れておく。時々引っ張って手ごたえがあったら向こうから引っ張られたカニがつかんでいるよ。もう一本の棒をつっこんでみてすくいあげるようにするとカニが釣れる。

【石の間にいる時】　棒（わりばしくらいの長さ）を2本用意しよう。両手で棒を持って、はさむようにすくうと外に出てくるので、出てきたところをつかまえる。

凧をつくって凧あげしよう！

冬の河川敷は風が強く、小さい子でも立っているだけで凧があがっていきます。電線のない河川敷で思い切り高く凧あげをしてみよう。

タコ糸　　　　　　　　　カッター、はさみ
ビニール袋（レジ袋）　　パンチ、定規
ストロー４本もしくは　　ビニールテープ
竹ひご２本　　　　　　　セロハンテープ

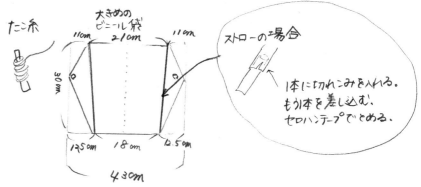

たこ糸

大きめの
ビニール袋
11cm　210m　11cm
30m
12.5cm　18cm　12.5cm
43cm

ストローの場合
1本に切れこみを入れる。
もう1本を差し込む。
セロハンテープでとめる。

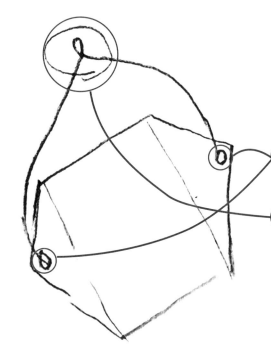

① 画用紙やボール紙など厚めの紙をつかって型紙をつくる

② 型紙に合わせてビニールを切る（サインペンなどで線をかいておくといい）

③ ストローで骨を2本つくる（2本のストローをつないで1本にする）

④ ストロー（もしくは竹ひご）をセロハンテープで赤線の位置に貼る（風が強いとはがれてしまうのでしっかり貼る）

⑤ サイドにビニールテープを貼り、パンチで穴をあける

⑥ 1メートルくらい糸を切る

⑦ ⑥の糸を本体の穴をあけた両サイドに結ぶ

⑧ 縦半分にして、糸の中心になるように糸目をつくる

⑨ 凧をあげる用のタコ糸を準備する。最低5メートルはあったほうがいい

⑩ 段ボールや広告紙など、持ちやすいように丸めたり切ったりして、棒状のものをつくる

⑪ ⑨を⑩に巻きつける

⑫ 本体の糸目に準備した⑪のタコ糸を結びつける

⑬ 本体に油性ペンで好きな絵などを描く

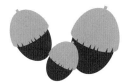

木 の 実 で あ そ ぼ う

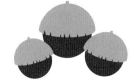

いろいろな自然をあつめよう。

木の実や枝で ケーキづくり

プリンなどの空き容器に紙粘土をつけてから、集めた木の実や枝をかざる。まるで本物のケーキみたい。

ひろった木の実を、グルーガンを使って板にはりつけよう。木の実のなまえをしらべてシールに書いて貼る。グルーガンは高温になるのでやけどに注意

枝 で モ ビ ー ル を つ く ろ う

ひろった枝がおしゃれな飾りになるよ。

桜などの枝、毛糸、麻ひも・タコ糸などモビールをつなげる糸
（かざりの枝は 10cm くらいにそろえておく）

つくりかた

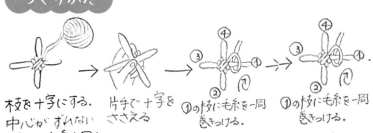

枝を十字にする。
中心が ずれない
ように 毛糸を固く
巻く。

片手で十字を
ささえる

①の枝に毛糸を一周
巻きつける。

①の枝に毛糸を一周
巻きつける。

①〜④をくり返す。
大きさが決まったら、
1本の枝に結びつける。
（切ってボンドで とめてもいいよ）

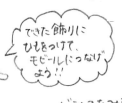

できた飾りに
ひもをつけて、
モビールにつなげ
よう!!

バランスをみて
ひもの長さを調節しよう!

さんぽをたのしもう

とちゅうで立ち止まったり、じっくりしゃがんでみたり。

がんばっている草花

寒い冬でもかたいコンクリートのすきまから草花が。すごい力だね。

あしもとを
みてみよう

フィールドサインとよばれる動物のあしあと。これはハクビシンのあしあとです。ハクビシンは郊外ばかりでなく、都心でも見かけるようになってきました。
　夜行性のため、子どもが外で活動する時間にはめったにお目にかかれない動物ですが、足跡には出会えます。
　この足跡から、「どんな動物が来たのだろう。」「なんのために来たのだろう」と考えてみませんか。
　日本では害獣と言われていますが、生きるために餌を探す足跡。
　皆さんはどう考えるでしょう。

ハクビシン

さんぽは、車や人通りの多い道はさけよう。虫メガネをもっていくと、新しい世界が見えてくるよ。

木 を じ っ く り み て み よ う

くねくね曲がっている木をみつけよう。のぼりやすいよ。

幹に耳を
あてて音を
きいてみよう

木の芽だよ。
顔がみえるかな？

すごい根っこ。落ちないようにわたってみよう。

ビオトープで鳥をよぼう

どんな鳥がやってくるかな？

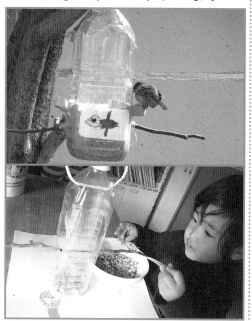

ヒマワリのタネ、アワ、ヒエなどいろいろ混ぜてみよう。

鳥をよぶときに気をつけること

- 自然の形態をくずさないことがビオトープには大事なこと。通年、エサをやっていると、野鳥は自分でエサを取りにいくことができなくなってしまいます。エサのなくなる時期（11月〜2月頃まで）をエサやりの期間として、この期間だけ鳥の観察をたのしんでみましょう

- エサ入れは朝設置して、夕方にはしまう。エサが湿るとカビの原因になる

- 鳥がとまりやすい大きめの木に設置する（最初は鳥も様子をうかがっているので、あせらず見守る。じっくり待つと、鳥も安心して慣れてくる。少しずつ近づける）

- 近所迷惑にならないように設置する

ペットボトルで鳥のエサ台をつくろう

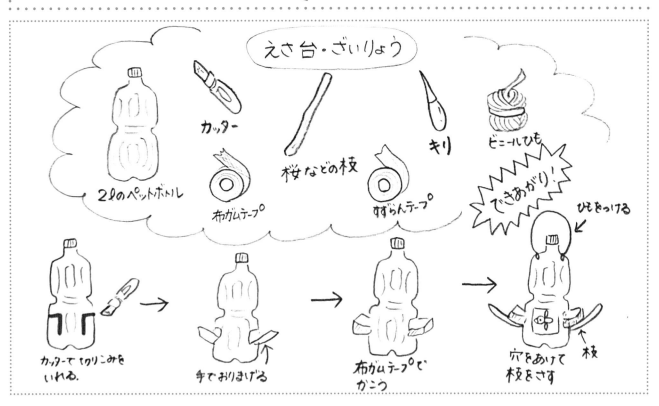

えさ台・ざいりょう

カッター

桜などの枝

キリ

ビニールひも

2ℓのペットボトル

布ガムテープ

すずらんテープ

できあがり！

ひもをつける

カッターで切りこみをいれる.

手でおりまげる

布ガムテープでかこう

穴をあけて枝をさす

枝

塚越亜希子先生の
身近なものであそぼう！

塚越亜希子
（つかごし・あきこ）

群馬医療福祉大学社会福祉学部子ども専攻専任講師。東京家政大学大学院人間生活学総合研究科児童学児童教育学専攻修士課程修了。修士（家政学）。幼稚園教諭、関東短期大学こども学科専任講師を経て現職。主な担当科目は「保育内容・環境」。

生活やあそびに必要なものは、お店やインターネットで何でも手に入る便利な時代です。子ども達もたくさんのおもちゃに囲まれ、昔に比べあそびが豊かになっているかのように見え……実は、道具やおもちゃがないとあそべないという子が増えています。身の回りにはあそびや生活に使えるものがたくさんあります。「これ、何かに使えないかな？」「これであそべないかな？」身近にあるものを、あそびに取り入れてみませんか？

石であそぼう① じゃりとり

あそびかた ① 石を集める。

② 石を手のひらにのせる。

③ のせた石を上になげる。

④ 手をひっくりかえしながら手の甲に
なげた石をのせる。

⑤ 手の甲にのった石を上になげて
キャッチ。

⑥ キャッチできた石は何個？

集めた石がなくなるまでくりかえす。
キャッチできた石の数が 多い人が勝ち！

たくさん
とれたよ!!

石であそぼう② 【いっせん】

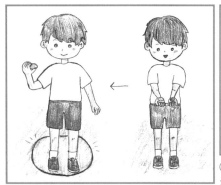

あそびかた ① 自分の石を１つ持って、なげる場所を決める。地面にしるしをつけよう。

② どこまで石を投げられるか、線を１本地面にかこう。

③ 自分でかいた線をこえるように、石をなげる（しるしをつけた場所から）。

④ 投げた石をかいた線の位置から、手が地面につかずに取れたら成功！

⑤ 自分がきめた線から遠くになげすぎて石が取れなかったら失敗！

60

石であそぼう③　【にせん】

② どこまで石を投げられるか、今度は２本線をかく

③ 投げた石が、２本の線の間に入るようにする。

あそびかた ① はじめの準備はいっせんと同じ。自分の石を１つ持って、投げる場所を決めて地面に丸く印をつける。

線と線の間に石が着地すれば成功！

どこでもできるよ 山くずしゲーム

あそびかた ① 砂で山をつくり、頂上に枝を立てる。

② じゃんけんなどで順番を決める。立てた枝を倒さないように、砂山をとって順番にくずしていく。

③ 砂山の砂がだんだん小さくなって……

④ 慎重に砂をくずさないと……

⑤ 先に枝が倒れたほうが負け。

山くずしゲーム

ルールがかんたんで、小さい子からおとなまで一緒に楽しめる昔ながらの砂あそび。「どのくらい山をくずして大丈夫か」「手のひら全体で砂をくずすか」「指先だけで砂をくずすか」というように、考えながら調整したり加減したりする力がつきます。

ペットボトルで花を育てよう

ペットボトルで
栽培しよう

ミニひまわり

ニチニチソウ

花だん

ヒヤシンス

ペットボトル栽培容器のつくりかた

- ペットボトル
- はさみ
- ビニールテープ
- 栽培用の土や水
- たね、球根

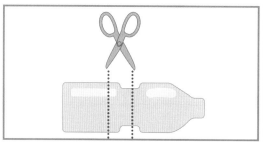

つくりかた ① 2 リットルのペットボトルの下 15 〜 20cm 部分をはさみやカッターで切り取る。

② 注ぎ口を下向きにして、切り取った部分にはめる。

③ 油性ペンで色をつけて、オリジナルにしよう。

④ 切り口はあぶないので、ビニールテープを貼っておこう。

500 ミリリットルのペットボトルを使って球根の水栽培もできる。

育てた花を押し花にして ボタニカルキャンドルをつくろう

材料

- ・草花を押し花にしたもの
- ・ろうそく（溶かすのでどんなものでも OK）
- ・紙コップ（作りたい大きさに合わせる）
- ・スプーン（溶かしたろうそくをかき混ぜる）
- ・わりばし（ろうそくの芯をこていする）
- ・アルミホイル（ろうそくの芯を乾燥させる）
- ・アルミ鍋とホットプレート（ろうそくを溶かす）

つくりかた

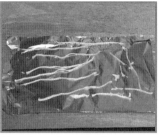

つくりかた ① ろうそくを適当な大きさに割って鍋に入れ、スプーンでかきまぜながら溶かす。ホットプレートの温度は 100 〜 200℃。

② ろうが溶けたら芯だけ取り出し、のばしてアルミホイルの上で乾かす。

③ 紙コップに溶けたろうを流し込む。ろうそくの表面がかたまってきたら、中のろうを再び鍋にもどす。

④ 紙コップの表面に押し花を貼り付ける。

⑤ 貼り付けた押し花の上にスプーンで少しずつとかしたろうを回しかけ、紙コップの中へ、ろうを再び流し込む。

⑥ 芯をろうそくの真ん中に差し込み、わりばしをつかって固定する。ろうが完全に固まったら、紙コップをやぶってはがす。

押し花の種類を変えればアレンジは無限大
停電の時にはロウソクとしてつかえます。
ふだんはインテリアとして。贈り物にしても
いいですね（※やけどしないでね）。

土のう袋で栽培 ジャガイモの栽培をしてみよう

浸水被害を防ぐために使われる、土のう袋。耐久性があり丈夫なので、野菜の栽培にも利用できます。
畑やプランターがなくても、手軽に野菜づくりができますよ。

収かくされたジャガイモ

他にこんな野菜も栽培できる

カブ

チンゲンサイ

ダイコン

ジャガイモの育てかた ①

ジャガイモの育てかた

① 栽培用の土を、土のう袋の半分くらいまで入れる。家庭菜園用の土を使うとお手軽。袋の口は折り返しておき、茎が伸びてきたらジャガイモが外に出ないよう、袋を伸ばしながら2回ほど土を足す。ジャガイモが土から出て日光に当たってしまうと、ソラニンという毒素を作り出し緑色になる（緑色になったジャガイモは食べない）。

② 1つの土のう袋に1〜2個の種イモを、表面から7〜10cmくらいの深さに植える（写真は2個）。2個植える場合は20cm程度の間隔をあけて植える。種イモを植えた時は土全体がしっとりとするまで水をあげ、その後は芽が出るまで水やりの必要なし。10日前後で発芽する。

③ 20日頃の様子。水をさほど必要としないので、芽が出た後も葉が少ししんなりしているなと思ったらお水をあげる程度でOK。

④ 30日頃の様子。栽培の後半の土は乾燥気味で大丈夫。

ジャガイモの育てかた②

⑤ 40日頃の様子。家庭菜園用の土（培養土）は、すでに肥料が含まれているため肥料はあげなくてOK。写真の栽培では肥料はあげていない。市販のジャガイモ用肥料は、様子を見て必要であればあげる。

⑦ 70日頃の様子。いよいよ収かく。

⑥ 60日頃の様子。大きなジャガイモを作りたい場合は、芽が10cmくらい伸びてきたら「芽かき」を行う。「芽かき」とは元気の良い株を1〜2本だけ残して、あとは根元からかき取ってしまう作業。はさみを使って根元から切ってOK。

たくさんのジャガイモができました

相澤菜穂子先生の
野草で料理しよう！

相澤菜穂子
（あいざわ・なほこ）

管理栄養士、東京家政大学非常勤講師。子ども対象の料理教室や里山でのサバイバルツアーなどを主宰し、幼児から大学生に向けた食育授業を行うほか、企業や食品メーカーにおいて、メニュー開発や研修等も手がける。『保育・教育現場のための食育レシピ』学研プラス、2008年（料理監修・食育レシピ）

自然の中には五感を刺激するものがたくさんあります。採集した野草を食べることは、ワクワクドキドキの体験になるでしょう。味にどう反応するのかも楽しみであり、思い出になります。野草を探して摘み、料理に参加し、自分のできる力に気づきます。今回紹介する野草料理は子どもにも食べやすいものばかり。野草は油と相性がよく、炒めたり、天ぷらにしたりすることにより、苦味やえぐみが気にならなくなりますよ。

INDEX

- 今回の料理に使った野草
- ピザ
- おひたしとごまあえ
- おむすび
- 笹巻き
- タケノコチューチュー
- ヨモギ白玉

今回の料理に使った野草

フキノトウ／キク科
フキの花芽のことで、山野に自生する。ほろ苦い味わいと独特の香りが特徴。料理ではみそあえが人気。

クマザサ

フキノトウ

クマザサ／イネ科
冬になると葉のふちが白くくまどりしたようになることから隈笹とよばれる。葉を煎じたものは薬用として使われる。

ヨモギ／キク科
さわやかな香りで、お灸のもぐさの原料としても知られる。道端、河原などどこにでも自生する。

ヨモギ

コゴミ

コゴミ／コウヤワラビ科
クサソテツの新芽をさす。山菜のなかではアクが少なくて下処理もかんたん。野草の味が苦手な人にもおすすめ。

タケノコ

タラノメ／ウコギ科
タラの木の新芽をさす。料理では、タラノメの天ぷらが人気。近頃は栽培されたものがスーパーにならぶ。

タラノメ

タケノコ／イネ科
竹の地下茎からのびた若芽のことをさす。地面から出た部分を掘り起こしたやわらかいものを食べる。

野草のつみかた

　春、河川敷や草むらなどで手軽に採取できる、身近な野草をつかった料理にチャレンジしてみよう。野草を採取するときは、軍手をはめて、虫のついていないもの、なるべくきれいでやわらかい芽をえらび、食べる分だけをとります。また、植物の採取が禁止されている場所（国立公園等）や、他人のしきちでとってはいけません。泥やよごれはきちんと洗い、新鮮なうちに料理します。

ほかにもある身近な野草

おもに春先に見かける野草を紹介します。外に出て、さがしてみよう！

オオバコ

オオバコ科の多年草。道端や公園などに自生する。昔から薬草として漢方にも使われる。やわらかい芽を塩ゆでしアク抜きしておひたしやあえものに。

イタドリ

タデ科の多年草。葉を傷にあてると痛みが取れるから、イタドリと言われているとの説がある。円柱状の茎は生では酸味が強いので、しっかりとアク抜きを。

ドクダミ

ドクダミ科の多年草。繁殖力が強く湿った空き地などで見かけ独特の臭いがする。初夏には白い花が咲く。ドクダミ茶やドクダミ化粧水など古くから親しまれる。

ハコベ

ナデシコ科の一年草。春の七草のひとつ（ハコベラ）で湿気のある地を好む。薬用にも用いられる。鳥の好物であることから別名ヒヨコグサとも呼ばれる。

ツクシ

トクサ科目の多年草。スギナの胞子茎のこと。河川敷にニョキニョキと自生するツクシは、茎を覆うかたい部分（はかま）を取り除き食用にする。

野草とぎょうざの皮のピザ

使用した野草「コゴミ」「フキノトウ」

材料

ケチャップ味6枚分
・フキノトウ 50g
・トマトケチャップ大さじ 2
・ウインナー 2本
・ぎょうざの皮 6枚
・ピザ用チーズ 70 g

マヨネーズ味6枚分
・コゴミ 50g
・ホールコーン（缶詰）50 g
・マヨネーズ大さじ 2
・ツナ（缶詰）50 g
・ぎょうざの皮 6枚
・ピザ用チーズ 70 g

つくりかた

① フキノトウは細かくきざむ。

② 油でいためる。

③ ②とトマトケチャップを混ぜ合わせる。

④ ぎょうざの皮に③をぬり、ウインナーをのせ、ピザ用チーズを上にのせる。

⑤ フライパンにのせて蓋をして弱火でチーズがとけるまで焼く。

【マヨネーズ味】

① コゴミは余分な葉をとりのぞき、ゆでて食べやすく切る。
② ボウルに①、ツナ、コーン、マヨネーズを入れ混ぜ合わせる。
③ ぎょうざの皮に②の具をのせ、ピザ用チーズを上にのせる。
④ フライパンにのせて蓋をし、弱火でチーズがとけるまで焼く。

野草のおしたし・ごまあえ

使用した野草「コゴミ」

コゴミのおひたし

コゴミのごまあえ

材料　2〜3人分

・使用できる野草　コゴミ、ヨモギ、ツクシ、
　カンゾウ、ウルイなど100gくらい
・おひたしのたれ（しょうゆ小さじ2、水
　小さじ1、かつお節またはちぎった焼き
　のり少々）
・ごまあえのたれ（すりごま大さじ1、しょ
　うゆ小さじ1、砂糖小さじ1/2）

①コゴミは、茎についた表面の葉（左
写真下円内）は多いと食感がよくな
いのでとりのぞく。
＊ツクシの場合は、はかまの食感が
よくないのでとりのぞく。

他にも、ツクシ、
カンゾウ、ウルイ
などの野草でもお
いしくつくれます。

② 野草をきれい
に洗ってから、
塩を加えたお湯
でしんなりする
までゆで、水に
20分くらいつけ
てアクをぬく。

③ 包丁で刻む。

④ おひたし、ごまあえの
たれでそれぞれ和える。

野草のおにぎり

材料　2～3人分

・使用できる野草—タラノメ、フキノトウなど 30gくらい
・ごはん450g（茶碗3杯分くらい）、ごま油大さじ1、塩小さじ1/2

使用した野草「タラノメ」

つくりかた

① 野草はきれいに洗ってから、水気を取り、粗みじん切りにする。

② フライパンにごま油をいれ、野草をいためる。

③ ごはんに②と塩を加えて、混ぜ三角ににぎる。

yammy!!
おいしい!!

クマザサの笹巻き

使用した野草「クマザサ」

材料　2～3人分
・だんご粉 150g
・砂糖 20 g
・熱湯 80ml
・クマザサの葉 15 ～ 25 枚くらい
・クマザサの茎 5 本
・麻ひも 5 本（長さ 50cm くらい）
・きなこ砂糖（きなこ大さじ 2、砂糖大さじ 2、塩ひとつまみ）

つくりかた

① だんご粉と砂糖をまぜ、熱湯を加える。

② 10 分以上よくこねる。

③ 5 つにわけて小判状に丸める。笹の茎を差し込む。

④ きれいに洗って布などで表面の汚れを取ったクマザサの葉 3 枚（小さい葉は 4 〜 5 枚）でだんごを包む。

⑤ くるんだ葉を麻ひもでしっかりとむすぶ。

⑥ 鍋（またはフライパン）に湯を沸かして、笹巻きを入れて 5 分ゆでたら、ひっくり返して、また 5 分くらいゆでる。笹巻きからだんごを取り出し、きなこ砂糖をかけていただく。

手軽なおやつ

タケノコチューチュー

ゆでタケノコをむいた、中ほどのやわらかい皮を使います。皮にタネをとりのぞいたうめぼしをはさんで、適当に三角におりたたみます。角から中のうめぼしをチューチュー吸っていただきます。時間がたつと、タケノコの皮が赤くそまります。

ヨモギ白玉

あざやかな緑とさわやかな香り

使用した野草「ヨモギ」

材料　2〜3人分
・ヨモギ 30 g
・白玉粉 100 g
・水 50〜70ml くらい
・ゆであずき、きなこ、黒蜜、適量

① ヨモギはやわらかい葉の部分だけをつみ、塩（または重曹）を入れた湯でゆでる。

② 包丁で刻み、よくたたく。

③ すりばちですると、せんいが切れてなめらかになる。

④ 白玉粉に③のヨモギを入れ、水を少しずつ加えて、よくこねる。耳たぶくらいのやわらかさになるまでこねる。かたい時は水を足す。

⑤ 手で小さくまるめる。

⑥ 沸騰した湯にいれて、ゆでる。浮き上がってきて、大きくふくらんだら網じゃくしで取り出し、水につける。器にもりつけ、きなこと黒みつかゆであずきをかける。

渡部美佳先生の
虫の観察をしよう！

渡部美佳
（わたなべ・みか）
和泉短期大学児童福祉学科実習サポートセンター助教。東京農業大学大学院農学研究科農学専攻博士前期課程修了。博士（学術、東京家政大学）。保育者をめざす学生や保育現場の方々を中心に、大人から子どもまで幅広い世代の人に虫のおもしろさや不思議さを知ってもらうための取り組みも行う。

みなさんが知っているいきものには、どのようなものがいますか？　いきものの中でも虫は種類も数も多く、子どもの遊びにしばしば登場します。今回は特に身近な環境でふれあうことのできる虫について、知っておきたい習性などもふくめてかんたんに紹介します。子どもが虫と関わることによって、科学的な見方・考え方や社会性など多様な力が芽生えます。虫についてもっと知りたくなったら、是非飼育してみましょう。

INDEX

🐜 虫の観察

子どもといきもの

いきものは身近な環境のひとつ。その中でも虫は多くの子どもを魅了してやまない存在です。いきものを通した遊びによって、子どもは小さないきものにも命があること、死んでしまったいきものはおもちゃのように修理できないことというように、命の大切さに気付き心を育んでいきます。いきものをつかまえるための工夫をこらしたり、追いかけるために運動能力を高めたりというように、身体も成長していきます。このように、いきものは子どもの心身の発達に重要な役割を担っているのです。

外に出て、どんなところにいきものがいるのか探してみましょう。普段は何気なく見ている景色の中でも「見つけてみよう！」と思うことで、色々な発見があります。

まずいきものにふれてみましょう（危険ないきものにはさわらないように）。手でさわることによって色々なさわり心地を知ったり、ちょうど良い力加減を学んだりすることができます。

つぎにいきものをつかまえたら観察・飼育してみましょう。くわしく観察することで、「なぜ？どうして？」と疑問がたくさん出てきます。本や図鑑で調べることで、より深い学びへとつながっていきます。

チョウの幼虫

身近ないきもの ① スズムシ

秋の鳴く虫として有名なスズムシ。古くから飼育され、今でも季節になるとペットショップに並びます。鳴き声は大きく聞こえるのですが、体が小さく石や葉の隙間で生活しているので、自然界でその姿を見ることは難しいかもしれません。口で音を出しているのではなく、はねをこすって音を出しています。オスのみが鳴きます。

オスとメスの違いを見分けるのは簡単。成虫になった時にお尻から針のような産卵管が出ているのがメスです。

飼育ケースに土を敷き、そこに割れた鉢や新聞紙などで隠れ家を作ります。飼育をする際には、共食いに気をつけましょう。エサは市販の粉末状のものや野菜くずをやります。乾燥にはあまり強くないので、水分も忘れずに。深さの

ある入れ物で水をやるとおぼれてしまうことがあるので、ティッシュやスポンジなどに水分をしみこませたものを置くと良いでしょう。カビが生えないように毎日エサと水を取り換えましょう。

しばらくすると、メスが土に産卵します。細く白い卵を見ることができます。それを乾燥させないように気をつけて保管しておくと、翌春には小さなスズムシが出てきます。

リーンリーンと鈴の音のように鳴く

身近ないきもの ② セミ

**都心でも数多く
見られる夏の生き物**

暑い夏を象徴する鳴き声が特徴

　街路樹の樹液をエサに、都心でもたくましく生きています。木の根元に空いている穴はセミの幼虫が地面から出てきたあとです。

　何年にも及ぶ土の中での生活を経て、地上へと出てきて成虫になります。セミはさなぎの時期がありません。夏に見かけるセミの抜け殻は、セミの幼虫が成虫になる際に脱いだものです。セミの抜け殻を拾った場所ならば、羽化を見ることができる可能性があります。夕方から夜にかけて、地面から出てきた幼虫を見つけたら、その場で幼虫から成虫へ脱皮する（羽化）様子を観察してみましょう。羽化はまずセミの幼虫の背中側が割れてきます。そして頭と胸の部分が殻から出てきます。続いて体を殻から出します。殻から出てきたばかりのセミはとても神秘的な色をしています。飛び立つまでそっと見守りましょう。

　セミのクチの作りは刺す構造になっていて、これを木の幹や根に差し込んで、樹液を吸ってエサにしています。

　鳴くのはオスのみでメスは鳴きません。都心では、ニイニイゼミから鳴き出します。そのあとどのようなセミが順番に出てきて鳴くのか、声で確かめてみるのも楽しいですね。

身近ないきもの ③　アリ

親しまれている昆虫ナンバーワン

アリはどんなエサが好きか、エサをどうやって運ぶのか、どのくらい大きいものを運べるか観察してみましょう。巣は女王アリ、働きアリ、雄アリ（特定の季節のみ）で構成されます。飼育ケースに土を入れて巣を観察することができます。ペットショップやインターネットでアリの巣を購入することもできます。

植物の汁を吸って弱らせてしまう害虫として知られるのが、アブラムシです。アリはこのアブラムシの周りでも多く観察することができます。アブラムシは食べたものを消化するとお尻から甘い汁を出すのですが、甘いものが大好きなアリは、その汁を吸いに集まってくるのです。アブラムシを追い払ってくれる強い味方はテントウムシです。テントウムシはアブラムシを見つけると、むしゃむしゃと食べていきます。し

かし、その時、アリは自分に美味しいご飯をくれるアブラムシを食べてしまうテントウムシを追い払おうとします。自然の中での虫たちのやりとりを、絵本や図鑑などと照らし合わせてみるのも楽しいですよ。

アリは甘いものが大好きで力持ち

そっと観察しよう　身近ないきもの④　ハチ

　巣を作る多くのハチは女王バチのみが成虫で冬を越します。そして春に目覚めて巣を作ります。春先は巣を作り子育てのために忙しく、攻撃してくることは少ないですが、夏から秋にかけて活動が活発になると攻撃性が高まりますので気をつけましょう。

　ハチは、刺すので怖いというイメージを持つ方が多いでしょう。危険なハチもいますが、多くのハチはあまり近よらずそっと観察していれば、攻撃してくることはあまりありません。ハチの針はもともと産卵管といって、メスが卵を産むためのものでした。そのため、オスのハチは刺しません。花粉を集めたり巣を作ったりして働いているのはメスです。オスは花の蜜や水を吸ったりしておとなしく暮らしています。

　ミツバチの巣は蝋からできています。これを溶かして固めてロウソクや粘土、クレヨン、化粧品などに加工したものが市販されています。

刺されないようにそっと観察しよう

身近ないきもの⑤　カブトムシ

クヌギやコナラなど、樹液をめぐる戦いが行われますが、カブトムシは大きなツノで有利に戦います。土を敷いた飼育ケースに入れて飼います。土の上には、成虫用に市販の昆虫ゼリーを与えます。さらに朽木（くちき）や新聞紙など、隠れたりつかまったりできる環境を用意します。なるべく大きなケースに少ない数の成虫を入れるのが飼育のコツです。

カブトムシの成虫はとても力持ちですので、飼育ケースのフタを自力で開けて逃げてしまうことも少なくありません（朝、見てみたら部屋の中にカブトムシがいたり、外に置いておいたら飼育ケースの中身が空になってしまっていたり）。フタの上に石や本などの重石をのせておくと安心です。飼育ケースにオス・メスを一緒に入れておくと、数日後にはメスが土の中に卵を産みつけます。卵はそのまま孵化（ふか）し、腐葉土を食べて大きくなっていきます。そして幼虫はこのまま次の年に出てくるまでの期間を土の中で過ごします。土の中で育つため、土には"うんち"が混じります。適宜ふるいを使ってうんちを取り除きましょう。こ

夜行性なので、採集は夕方〜夜または早朝がおすすめ

のうんちは植物の肥料としてもなかなかの効き目があるそうです。

成虫は出てきた年に死んでしまいます。

身近ないきもの⑥　テントウムシ

黄色い汁を出したテントウムシ

日本には約180種のテントウムシの仲間が分布しているそうです。なかでも最も身近な種類のナミテントウは幼虫も成虫もエサはアブラムシ。アブラムシは植物の汁を吸う害虫とされていますので、それを食べるナミテントウは益虫とされます。一方で、ニジュウヤホシテントウのように畑作物の害虫として知られているものもいます。

つかまえると黄色い汁を出すことがあります。匂いをかいでみましょう。虫たちが他の生き物から身を守るための方法を体験できますよ。

飼育はかんたん。アブラムシのついている植物ごと、何匹かのテントウムシを入れておくと卵を産みます。幼虫は共食いするので、飼育ケースにたくさん入れることはおすすめできません。テントウムシは卵、幼虫、さなぎと姿を変えていき、さなぎになってから一週間くらいで成虫になります。さなぎから出てきてすぐは、はねに模様がないように見えますが、しばらくするとトレードマークの点々が浮かび上がってきます。

テントウムシは、つかまっているものから上り、天に向かって移動して飛び立とうとする性質があります。このため「天道虫」という漢字で示されるのです。この動きを利用して、テントウムシのシーソーあそびをすることができます。

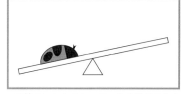

習性をいかしてシーソーあそびができる

身近ないきもの⑦　ゾウムシ

　子どもが拾ってきたドングリを大事に箱にしまって、忘れたころに開けてみると……白いイモムシがたくさん！　このイモムシの成虫がゾウムシです。ゾウムシの成虫の体にはその名のとおりゾウの鼻のような作りがありますが、これは鼻ではなく「クチ」。ゾウムシの成虫はドングリが緑の小さい実のころ、外側から小さな穴を開けて卵を産み付けます。幼虫はドングリの中で実を食べて大きくなります。やがて落ちたドングリから土の中でさなぎになるために、穴を開けて出てきます。そのため、せっかくきれいなドングリを見つけた！　と思って持ち帰っても、いつの間にか穴が開いてイモムシが……ということになります。

　せっかくですからイモムシの飼育をしてみましょう。拾ってきたドングリをそのまま、もしくは出てきたイモムシをたっぷり土を入れた飼育ケースに入れます。すると幼虫は土の中にもぐっていきます。ドングリの実をお腹いっぱい食べたので、エサを入れる必要はありません。土が乾燥しないように、時々霧吹きで水を与える以外はそっとして、次の年に成虫が出てくるまで待ちましょう。初夏には長い「クチ」を持ったゾウムシの成虫が出てきます。

ドングリ虫と呼ばれることも（写真左：幼虫／右：成虫）

身近ないきもの ⑧ チョウ

　様々なデザインのモチーフとしても好まれる
チョウ。成虫の姿のまま冬を越すチョウもいま
す。春先の晴れて暖かく風のない日に見られる
チョウは頑張って越冬したので、はねがボロボ
ロになっていたりします。

　チョウの幼虫の飼育は飼育ケースとエサがあ
れば比較的簡単です。チョウの卵や幼虫がつい
ている植物ごと持ち帰ります。うんちをします
ので、適宜そうじが必要です。エサが不足する
と小さい成虫になったり、死んでしまったりす
るので注意しましょう。多くのチョウの幼虫は
決まった植物をエサにしているので、卵や幼虫
がついていた植物を与えます。その際に植物が
枯れないように根元を水につけておきます。た
だし、小さい幼虫は少しの水でもおぼれてし
まうことがあるので、水の入った容器の口は

きれいなもようが特徴

ティッシュペーパーなどでふたをするようにし
ましょう。チョウを知ることで植物にも詳しく
なり、虫と植物の関係についての知識が深まり
ます。

　チョウの成虫は季節や標高などにより住む場
所が異なります。旅先ではいつもと違う種類の
チョウに出会えるかもしれません。

身近ないきもの⑨ ダンゴムシ

危険を感じると身を守るために丸くなるダンゴムシ。日本全土に分布しているオカダンゴムシは、昭和に入ってから見られるようになった外来種であると言われています。ダンゴムシの脚は生まれた時は12本、脱皮をすると14本です。ムシと名前が付いていますが、脚が6本の昆虫の仲間ではなく、エビやカニの仲間（甲殻類）に分けられます。

ダンゴムシは大きくなるために殻を何度も脱ぎます（脱皮）。脱皮の前には体全体が白っぽくなり体の真ん中あたりで殻が割れ、後ろの部分の殻を脱ぎます。その後、何日かすると前の殻を脱ぎます。脱いだ殻は自分で食べてしまいます。

ダンゴムシは、障害物にぶつかった時にそれを避けて、例えば右に曲がり次は左に曲がりを繰り返すような行動をとることが知られています。飼育ケースや段ボールなどを使い、ダンゴムシ用の迷路を作り、この行動を観察してみましょう。

子どもにもつかまえやすいダンゴムシ

つかまえやすいダンゴムシは飼育ケースの中でひからびて死んでしまったり、たくさんつめこまれていたりする光景をよく見かけます。適切に飼育する経験とともに、もともとダンゴムシがいた場所に返すことも選択肢のひとつでしょう。

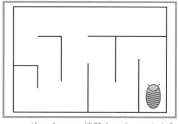
ダンゴムシの迷路をつくってみよう

身近ないきもの⑩　カタツムリ

　以前は人家近くの湿気のある場所で普通に見ることができる、身近な虫の代表でした。最近はその数が減っているようです。

　見つけたら、飼育してみましょう。食べ物によって"うんち"の色が変わります。ニンジンを食べたら、何色のうんちをするでしょうか？ほとんどのカタツムリが植物性のものを食べます。背中の殻を作るために、カルシウムが欠かせませんから、エサに卵の殻を入れておきます。湿度の高い環境を好むので、毎日必ず霧吹きで水分を与えるようにしましょう。

　カタツムリは雌雄同体（しゆうどうたい）といって、一匹でメスとオス両方になることができ、2匹以上を同じ飼育ケースに入れると卵を産みます。卵は土に産むので、産卵させるにはその準備が必要です。卵から出てきたカタツムリの子ども

は小さくてもすでに殻をもっています。

　夏の暑い時期や冬の寒い時期には殻の入り口に膜を張って閉じこもる種類もいます。その時に水でしめらせると、中から出てくることもあります。

　カタツムリの呼び方は「デンデンムシ」「マイマイ」など地域によって言い方が違ってきます。みなさんの地域ではどのように呼んでいますか？

触った後はよく手を洗うようにしましょう

あとがき

　東京家政大学に奉職し、**20** 有余年という月日が過ぎ去りました。本学にお世話くださいました故・山内昭道先生【東京家政大学名誉教授・元附属みどりケ丘幼稚園園長】は、就任時、一枚の色紙を手渡されました。

　そこには【自然に生きる】と鮮やかに墨蹟が認められ、「スミレの花」と地面の下には「ミミズ」が一匹きれいに描かれておりました。そして、一言「大澤、お前は東京家政大学で二つのことを成せば良い！　一つ目、一年中花々が咲きそろうキャンパスにせよ！　二つ目、東京家政大学を絶対に潰すな！……以上」　**10** 年前の東日本大震災、そして、今般の新型コロナウイルス感染症のパンデミック（世界的大流行）など、山内先生のお言葉と共に……自然のやさしさ、楽しさ、素晴らしさ、そして、辛さ、厳しさ、恐ろしさなど……今も昔も自然なしに、人間は生きられないことを実感いたします。

　さあ、子どもたちと一緒に身近な自然あそびをたくさん楽しみましょう！

2020 年 8 月

大澤　力

【引用・参考文献】

いわむら かずお『14 ひきのあさごはん』童心社、1983 年

山田卓三『生物学からみた子育て』裳華房、1993 年

山内昭道『幼児の自然教育論』明治図書出版、1981 年

大澤 力『幼児の環境教育論』文化書房博文社、2011 年

レイチェル・カーソン、上遠恵子訳『センス・オブ・ワンダー』新潮社、1996 年

環境省自然環境局生物多様性センター「分布を拡大する外来哺乳類アライグマハクビシンヌートリア」http://www.biodic.go.jp/pamph_list/youchui.pdf（2020 年 7 月 17 日確認）

【編著者・執筆者紹介】

編著者

大澤　力（おおさわ・つとむ）

東京家政大学子ども学部子ども支援学科教授

井上美智子（いのうえ・みちこ）

大阪大谷大学教育学部教育学科教授

執筆者（掲載順）

佐藤英文（さとう・ひでぶみ）

東京家政大学健康科学部非常勤講師

大西明実（おおにし・あけみ）

大妻女子大学家政学部児童学科実習指導室助教

塚越亜希子（つかごし・あきこ）

群馬医療福祉大学社会福祉学部講師

相澤菜穂子（あいざわ・なほこ）

管理栄養士・東京家政大学非常勤講師

渡部美佳（わたなべ・みか）

和泉短期大学児童福祉学科実習サポートセンター助教

イラスト（P.63 〜 66）／髙柳日菜
デザイン・DTP・イラスト／本田いく
表紙写真／大澤あい

自然が子どもと未来を創る！
心と体にやさしい自然あそび

2020 年 9 月 1 日　初版第 1 刷発行

編著者　大澤　力・井上美智子

発行者　菊池公男

発行所　株式会社一藝社

〒 160-0014 東京都新宿区内藤町 1-6

Tel.03-5312-8890 Fax.03-5312-8895

E-mail info@ichigeisaha.co.jp

HP http://www.ichigeisha.co.jp

振替　東京 00180-5-350802

印刷・製本　シナノ書籍印刷株式会社

一藝社 の本

子どもの
最善の利益
から考える

ちょっと
気になる

子どもの幸せってどんなこと？

となりの保育

保育
実践例

寶川雅子 編著

一藝社

子どもの
最善の利益から
考える
保育実践例

寶川雅子　編著

ふんだんに使った写真とイラストでわかりやすく紹介！
子どもの権利条約（日本ユニセフ協会抄訳）を掲載！

A5 版　定価 1389 円＋税
ISBN　978-4-86359-184-4

ご注文は最寄りの書店または小社営業部まで。
小社ホームページからもご注文いただけます。